MANGEOIRES D'OISEAUX

Renée Schwarz

Texte français de Claudine Azoulay

Éditions
SCHOLASTIC

Pour mes petits oiseaux à moi : Sophie, Pippa et Alex

Conception graphique : Kathleen Collett
Photographies de la couverture : Frank Baldassarra

Édition publiée par les Éditions Scholastic, 175 Hillmount Road, Markham (Ontario) L6C 1Z7, avec la permission de Kids Can Press Ltd.

5 4 3 2 1   Imprimé et relié en Chine   05 06 07 08

Catalogage avant publication de Bibliothèque et Archives Canada

Schwarz, Renée
Mangeoires d'oiseaux / Renée Schwarz; texte français de Claudine Azoulay.

(Artisanat)
Pour les 7-11 ans.
ISBN 0-439-95310-3

1. Mangeoires d'oiseaux--Conception et construction--Ouvrages pour la jeunesse. I. Azoulay, Claudine II. Titre. III. Collection.

QL676.5.S34814 2005   j690'.8927   C2005-900950-0

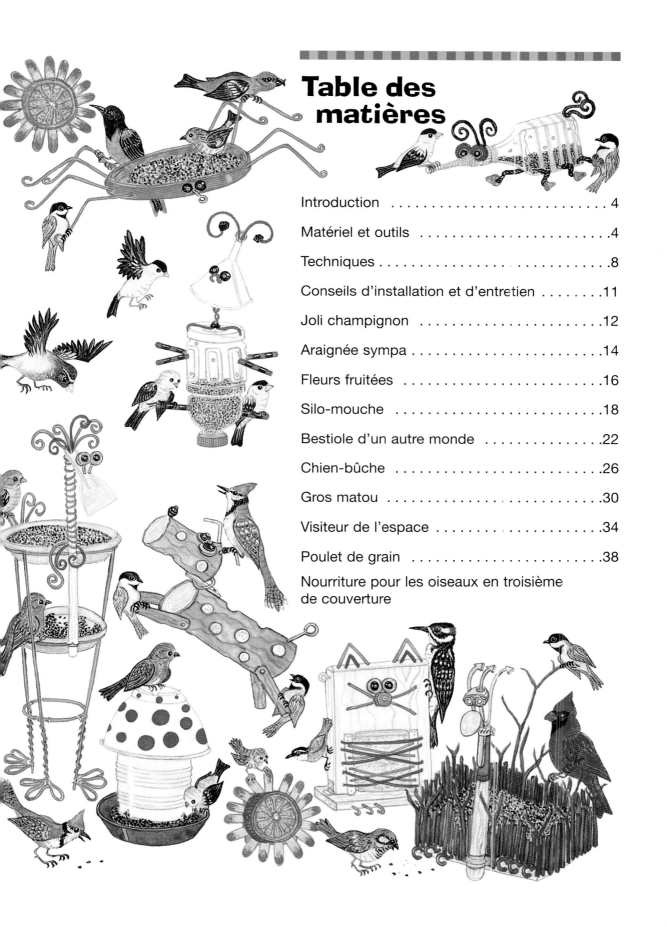

Table des matières

Introduction

Fabrique une mangeoire et suspends-la dans ta cour ou sur ton balcon. Des oiseaux viendront bientôt s'y nourrir et tu pourras les observer. Construis-en plusieurs, et tu pourrais avoir une foule de visiteurs ailés!

Toutes les mangeoires proposées peuvent se réaliser en un après-midi et elles dureront pendant des années. Les habiletés requises pour les faire sont faciles à apprendre, même si tu n'as jamais utilisé certains des outils. N'oublie pas de demander l'aide d'un adulte quand tu perces ou scies pour la première fois, et respecte bien les consignes de sécurité.

Le plus intéressant quand on fabrique des mangeoires, c'est d'observer ensuite les oiseaux qui viennent s'y nourrir. Consulte le tableau à la fin du livre pour connaître leur menu préféré. Une fois que les oiseaux auront pris l'habitude de fréquenter ta mangeoire, place-toi tout près en tenant quelques graines et reste bien immobile. Certains oiseaux, comme les mésanges à tête noire, pourraient venir manger dans ta main!

MATÉRIEL ET OUTILS

Une grande partie du matériel et des outils dont tu auras besoin se vend dans les quincailleries. Tu pourrais aussi dénicher certains des matériaux dans le bac de recyclage ou trouver chez toi des bouts de planche, des clous et des vis – mais demande toujours la permission avant de t'en servir.

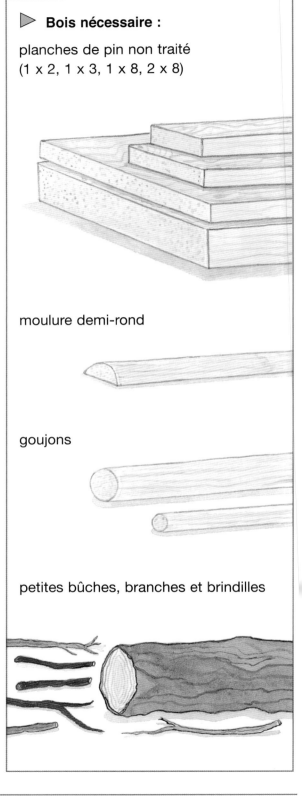

▷ **Bois nécessaire :**

planches de pin non traité
(1 x 2, 1 x 3, 1 x 8, 2 x 8)

moulure demi-rond

goujons

petites bûches, branches et brindilles

▷ **Fournitures nécessaires pour fabriquer et décorer les mangeoires :**

bouteilles en plastique

boîte de conserve

cage à tomates

pot à fleurs et soucoupes en plastique

frisbee

griffe de jardin

entonnoir en plastique

couvercles et bouchons en plastique

grattoir mural

vieille cuillère en métal

perles et bâtonnets de bois

ciseaux

crayons et règles

pastels à l'huile et marqueurs permanents

Consignes de sécurité :

✱ Porte toujours des gants de travail et des lunettes protectrices.

✱ Demande à un adulte de se tenir près de toi quand tu scies ou perces un objet.

▷ Outils nécessaires pour couper et percer

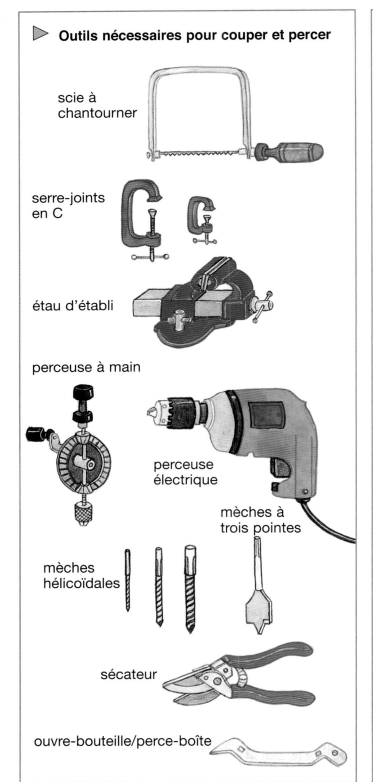

scie à chantourner

serre-joints en C

étau d'établi

perceuse à main

perceuse électrique

mèches à trois pointes

mèches hélicoïdales

sécateur

ouvre-bouteille/perce-boîte

▷ Fournitures nécessaires pour assembler les mangeoires :

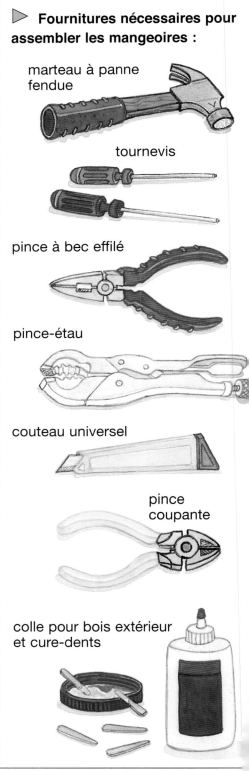

marteau à panne fendue

tournevis

pince à bec effilé

pince-étau

couteau universel

pince coupante

colle pour bois extérieur et cure-dents

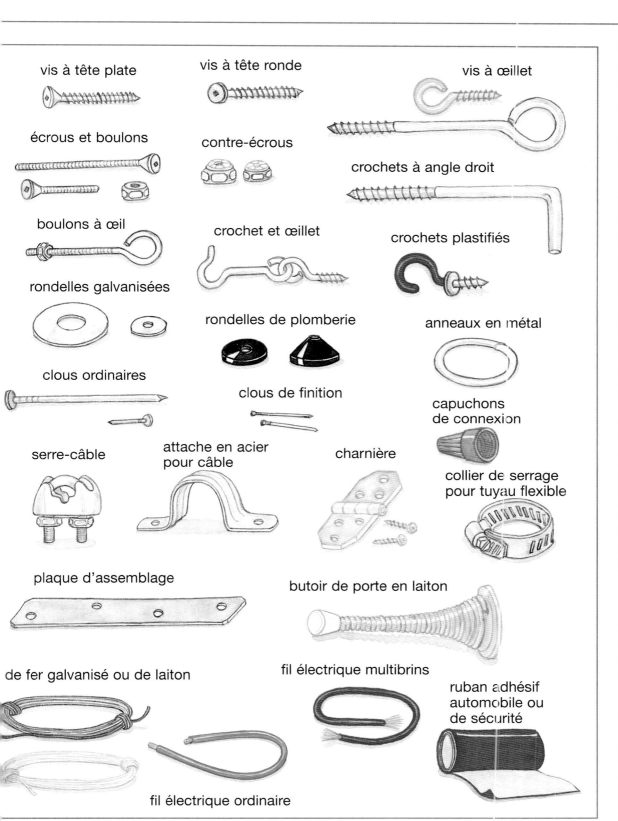

vis à tête plate

vis à tête ronde

vis à œillet

écrous et boulons

contre-écrous

crochets à angle droit

boulons à œil

crochet et œillet

crochets plastifiés

rondelles galvanisées

rondelles de plomberie

anneaux en métal

clous ordinaires

clous de finition

capuchons de connexion

serre-câble

attache en acier pour câble

charnière

collier de serrage pour tuyau flexible

plaque d'assemblage

butoir de porte en laiton

de fer galvanisé ou de laiton

fil électrique multibrins

ruban adhésif automobile ou de sécurité

fil électrique ordinaire

7

Techniques

Lis cette section avant d'entreprendre les projets. Demande toujours à un adulte de travailler avec toi et de te montrer comment utiliser les outils.

Sécurité

Porte toujours des gants de travail et des lunettes protectrices pour te protéger, surtout quand tu perces, scies ou manipules du fil de fer. Demande toujours à un adulte d'utiliser la perceuse électrique à ta place.

Les outils à main sont sécuritaires si l'on s'en sert convenablement. Ne force jamais sur un outil, car il pourrait glisser et te blesser. Prends tout ton temps. Si une étape est difficile, demande à un adulte de t'aider.

Comment maintenir les objets en place

Il est important de serrer les pièces sur ta surface de travail afin qu'elles ne bougent pas pendant que tu les perces ou les scies.

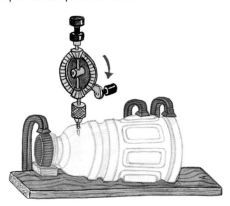

Les petits objets, comme les branches et les bouchons de bouteille, sont parfois difficiles à maintenir dans un serre-joint ou un étau. Demande plutôt à un adulte de les tenir pour toi.

Surface de travail

Il est préférable d'utiliser une table de travail ou un établi. Une grande planche peut aussi convenir.

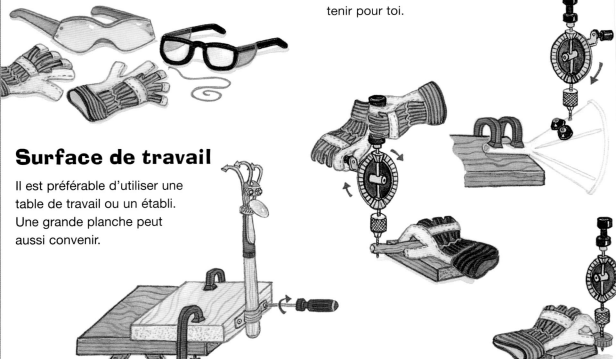

Comment scier

Porte des gants de travail et des lunettes protectrices, et assure-toi que le bois est bien maintenu en place.

Sers-toi d'une scie à chantourner pour couper la moulure et les formes. Dans le cas des formes, dessine-les sur le bois, serre le bois, puis découpe la forme. Au lieu de scier la forme en une seule coupe, il est en général plus facile de couper à partir de plusieurs points qui vont se rencontrer.

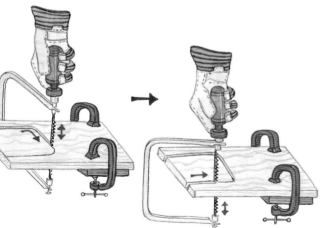

Comment percer

Serre la pièce solidement afin qu'elle ne tourne pas ou demande à quelqu'un de la tenir. Veille à ce que la section à percer dépasse de ta surface de travail ou bien place un vieux morceau de bois en dessous pour ne pas percer ta surface de travail.

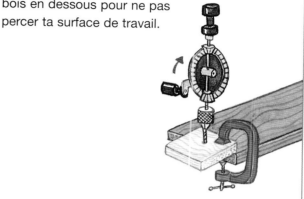

Équipé de gants de travail et de lunettes protectrices, utilise une perceuse à main pour faire des trous de drainage ou destinés aux perchoirs, et pour faire des trous de guidage (avant-trous) avant de clouer ou de visser. Demande à un adulte d'utiliser la perceuse électrique munie d'une mèche à trois pointes pour faire les gros trous du chien-bûche.

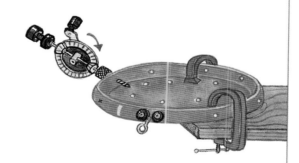

Consignes de perçage :

★ N'appuie pas fort sur la perceuse quand tu perces du plastique; tu pourrais le faire craquer.

★ Avant de clouer des bâtonnets ou des branches, fais-y des petits trous de guidage pour que le bois ne se fende pas.

Comment visser

Choisis un tournevis adapté à la fente qui se trouve sur la tête de la vis ou du boulon. La pointe du tournevis doit bien s'y ajuster pour ne pas glisser quand tu la fais tourner.

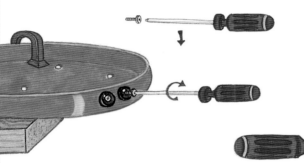

Les vis, vis à œillet, crochets, écrous et boulons se vissent toujours dans le sens des aiguilles d'une montre (vers la droite) et se dévissent dans le sens contraire des aiguilles d'une montre (vers la gauche).

Contre-écrous

Un contre-écrou est un écrou doté d'une autre section qui le retient en place. Pour le visser sur un boulon, prends l'écrou d'une main avec une pince-étau. De l'autre main, visse le boulon avec un tournevis. Les contre-écrous sont difficiles à visser; tu pourrais avoir besoin de l'aide d'un adulte.

Fil de fer

Quand tu te sers de fil de fer pour fixer ou attacher des objets, fais passer les bouts du fil dans chacune des pièces. Tortille ensuite le bout du fil sur lui-même plusieurs fois pour le faire tenir. **Le fil de fer coupé est pointu; alors porte des gants de travail et des lunettes protectrices lorsque tu t'en sers.**

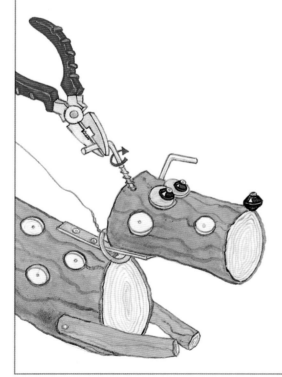

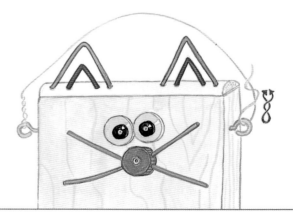

Conseils d'installation et d'entretien

Suspends ou installe ta mangeoire sur un poteau de clôture, dans un arbre, sur la corde à linge ou sur un rebord de fenêtre. Fais preuve de patience! Les oiseaux mettront peut-être plusieurs semaines pour découvrir ta mangeoire.

• À chaque oiseau son menu préféré. Tu trouveras, à la fin du livre, des suggestions de nourriture à leur offrir.

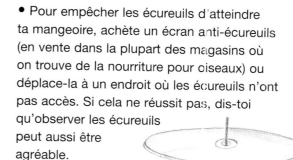

• Pour empêcher les écureuils d'atteindre ta mangeoire, achète un écran anti-écureuils (en vente dans la plupart des magasins où on trouve de la nourriture pour oiseaux) ou déplace-la à un endroit où les écureuils n'ont pas accès. Si cela ne réussit pas, dis-toi qu'observer les écureuils peut aussi être agréable.

• Place la mangeoire de sorte que les chats ne puissent pas grimper ou sauter dessus. Si possible, place la mangeoire à proximité d'un buisson afin que les oiseaux puissent s'y réfugier, en cas de danger.

• Nettoie ta mangeoire avec de l'eau chaude, à toutes les trois semaines environ. Enfile des gants en caoutchouc et frotte-la avec une brosse pour déboucher les trous de drainage, afin que l'eau de pluie puisse s'écouler. Vérifie aussi si ta mangeoire a besoin de réparations. Assure-toi qu'il n'y a aucune pièce pointue qui risquerait de blesser les oiseaux.

• **Ne cesse pas brusquement de nourrir les oiseaux.** Réduis graduellement la quantité de nourriture que tu leur donnes afin qu'ils puissent s'habituer à aller en chercher ailleurs.

Joli champignon

Regarde ce qui se cache dessous!

Il te faut :

- une boîte de jus propre, dont le dessus a été enlevé
- une soucoupe de pot de fleurs en plastique de 20 cm de diamètre
- quatre rondelles galvanisées ¼
- deux boulons de 1 po et deux écrous
- un pot de fleurs en plastique de 15 cm de diamètre
- du ruban adhésif rouge ou un marqueur permanent rouge
- deux bouts de 40 cm de fil de fer galvanisé ou gainé de calibre 18
- un anneau en métal
- un crayon, un marqueur, une règle et des ciseaux
- des gants de travail et des lunettes protectrices
- un ouvre-bouteille/perce-boîte, une pince à bec effilé, un serre-joint en C, une perceuse à main avec une mèche de ¼ po et une de ⅛ po, un tournevis

1 Perce deux trous dans le fond de la boîte, comme sur l'illustration.

2 À l'extérieur de la boîte, perce quatre trous près du fond et deux près du haut, comme sur l'illustration. Aplatis les bouts pointus avec la pince.

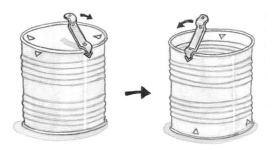

3 Pose la boîte dans la soucoupe. Avec le marqueur, marque les deux trous du fond sur la soucoupe. Enlève la boîte.

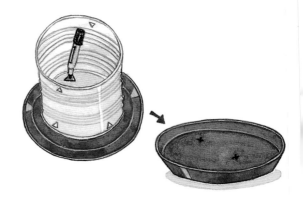

4 Serre la boîte sur ta surface de travail. Avec la mèche de ¼ po, perce les deux trous que tu as marqués à l'étape 3. Perce également six trous de drainage dans le fond, comme sur l'illustration.

5 Pose la boîte sur la soucoupe en alignant les trous. Glisse une rondelle sur chaque boulon. Insère chaque boulon dans un trou de la soucoupe et de la boîte.

6 Glisse une deuxième rondelle sur chaque boulon et visse un écrou. Tiens l'écrou avec la pince et visse le boulon avec le tournevis.

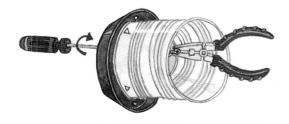

7 Serre le pot de fleurs et perce deux trous de ⅛ po dans le fond, espacés d'environ 4 cm.

8 Pour la décoration, découpe des cercles de ruban adhésif et colle-les sur le pot ou bien dessine des pois avec le marqueur rouge.

9 Fais passer un des bouts de chaque fil dans un trou près du haut de la boîte et tortille-le pour le faire tenir. Fais passer chaque fil dans un trou du fond du pot. Fais passer le bout des fils dans l'anneau en métal et tortille-les pour les faire tenir. Descends le pot jusque sur la boîte.

10 Pour remplir la boîte de grains, tu n'as qu'à soulever le pot.

Araignée sympa

En voilà une qui n'a pas peur des oiseaux!

Il te faut :

- un frisbee ou une grande soucoupe en plastique
- deux rondelles de plomberie biseautées noires
- deux boulons de ½ po et deux écrous
- un boulon à œil de 1½ po et un écrou
- quatre bouts de 60 cm de fil électrique bleu de calibre 12
- huit bouts de 40 cm de fil de fer galvanisé de calibre 20
- un anneau en métal
- un marqueur et une règle
- des gants de travail et des lunettes protectrices
- des serre-joints en C, une perceuse à main avec une mèche de ⁹⁄₆₄ po, un tournevis, une pince

1 Serre le frisbee (le corps de l'araignée) sur ta surface de travail. Perce quelques trous pour le drainage, comme sur l'illustration.

2 Pour les yeux, marque et perce deux trous sur le rebord, espacés d'environ 2 cm.

3 Glisse une rondelle noire sur un boulon de ½ po. Avec le tournevis, visse le boulon dans le trou de l'œil. Visse ensuite un écrou au bout du boulon. Fais la même chose pour l'autre œil.

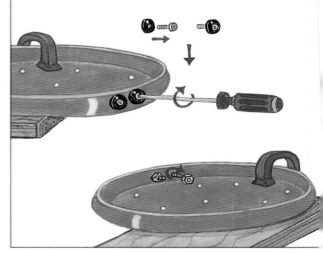

4 Pour le nez, perce un trou entre les yeux, juste au-dessous d'eux.

5 Visse le boulon à œil dans le trou du nez. Visse ensuite l'écrou sur le bout du boulon.

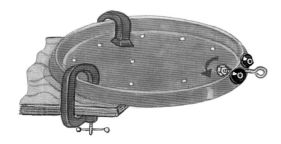

6 Pour les pattes, marque et perce quatre trous de chaque côté, sur le rebord, espacés d'environ 8 cm.

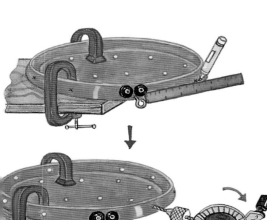

7 Fais passer un fil bleu dans un des trous et ressors-le dans le trou suivant. Tire le fil jusqu'à ce que les deux bouts soient égaux. Refais la même chose trois fois pour faire huit pattes.

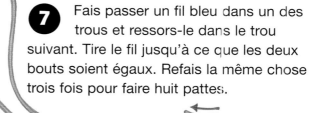

8 Plie chaque patte trois fois : vers le haut près du frisbee, vers le bas au milieu et vers le haut près du bout. Utilise une pince pour former une boucle à l'extrémité du fil.

9 Pour suspendre la mangeoire, fais passer un fil de fer galvanisé au milieu de chaque patte. Tortille-le pour le faire tenir. Fais passer l'autre bout dans un anneau en métal et tortille-le pour le faire tenir.

Autre suggestion

• Pour transformer cette araignée en un bain d'oiseau, mets une soucoupe remplie d'eau dans le frisbee.

Fleurs fruitées

Des fleurs qui ne se faneront jamais.

Il te faut :

- une planche de pin 1 x 3, de 6 cm de long
- un couvercle en plastique de pot de beurre d'arachides ou de mayonnaise, d'environ 8 cm de diamètre
- huit bâtonnets de bois
- de la colle pour bois extérieur et un chiffon
- seize clous de ½ po
- une rondelle galvanisée ¼
- un boulon ³⁄₁₆ x 1¼ po et un contre-écrou
- 30 cm de fil de fer galvanisé de calibre 20
- une moitié d'orange
- deux clous ordinaires de 1½ po
- des pastels à l'huile
- un crayon et une règle
- des gants de travail et des lunettes protectrices
- un serre-joint en C, une perceuse à main avec une mèche de ¹⁄₁₆ po et une de ³⁄₁₆ po, une pince coupante, un marteau, une pince-étau, un tournevis, une pince à bec effilé

1 Serre le bois sur ta surface de travail. Dessine une croix au centre et perce un trou de ³⁄₁₆ po.

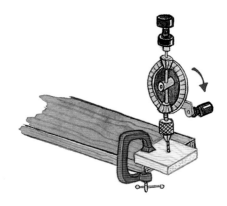

2 Serre le couvercle en plastique et perce un trou de ³⁄₁₆ po en son centre. Perce aussi un trou de chaque côté du rebord, comme sur l'illustration.

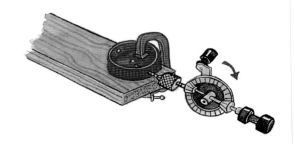

3 Pour les pétales, coupe les bâtonnets en deux, à l'aide de la pince coupante.

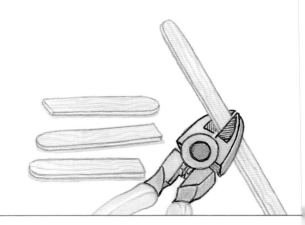

4 Perce des trous de guidage de $\frac{1}{16}$ po près du bout coupé des bâtonnets. Mets une goutte de colle sur le dos, près du trou, et cloue les bâtonnets tout autour du bois à l'aide de clous de $\frac{1}{2}$ po.

5 Colorie les pétales au pastel.

6 Glisse la rondelle sur le boulon. Insère d'abord le boulon dans le trou au centre du couvercle, puis dans le trou au centre du bois. Visse le contre-écrou sur le boulon (voir page 10).

7 Pour suspendre la mangeoire, plie le fil en deux et glisse-le entre le couvercle et les pétales de sorte qu'il s'accroche au boulon. Tortille les fils ensemble et fais une boucle près de leur extrémité. Tortille encore les extrémités autour du fil pour faire tenir la boucle.

8 Place la moitié d'orange dans le couvercle. Enfonce les clous de $1\frac{1}{2}$ po dans les trous du rebord pour retenir l'orange.

Autres suggestions

• Pour varier le menu, remplis le couvercle de suif ou de beurre d'arachides.

Silo-mouche

Elle n'est pas embêtante, celle-là!

Il te faut :

- un entonnoir en plastique de 250 mL
- deux rondelles de plomberie biseautées noires
- une rondelle de plomberie plate noire
- deux boulons de ½ po et deux contre-écrous
- un crochet plastifié rouge
- une bouteille en plastique de 900 mL
- deux contre-écrous 6-32
- trois bouts de 23 cm de goujon de ¼ po
- 75 cm de fil électrique multibrins rouge de calibre 16
- un boulon à œil de 3 po
- deux perles noires qui s'enfilent sur le fil électrique
- un crayon, une règle, un marqueur permanent rouge et un noir
- des gants de travail et des lunettes protectrices
- des serre-joints en C, une perceuse à main avec une mèche de 7/64 po, une de 9/64 po, une de ¼ po et une de ½ po, un tournevis, une pince-étau

1 Serre l'entonnoir (la tête de la mouche) sur ta surface de travail. Pour les yeux, perce deux trous de 9/64 po, espacés d'environ 2 cm, à environ 5 cm du bord.

2 Visse une rondelle biseautée sur un boulon de ½ po et une rondelle plate sur l'autre boulon de ½ po.

3 Sers-toi du tournevis pour visser les boulons dans les trous des yeux. Visse un contre-écrou sur chacun des boulons (voir page 10).

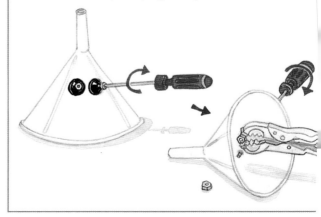

4 Pour le nez, perce un trou de ⁷⁄₆₄ po dans l'entonnoir, entre les yeux et juste au-dessous. Visse le crochet rouge. Visse ensuite les deux contre-écrous 6-32 sur le bout fileté du crochet (voir page 10).

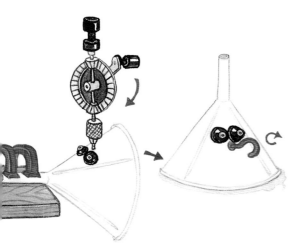

5 Serre la bouteille et perce trois paires de trous de ¼ po pour les perchoirs. Perce les deux premiers trous l'un en face de l'autre, à environ 5 cm du fond de la bouteille.

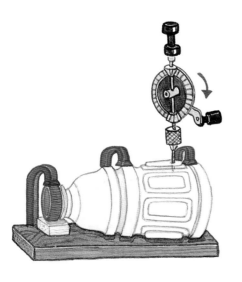

6 Perce la deuxième paire de trous de ¼ po l'un en face de l'autre, environ 1 cm plus haut que les premiers trous et décalés d'environ 5 cm par rapport à eux.

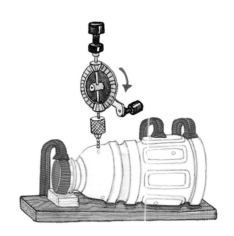

7 Perce la troisième paire de trous de ¼ po l'un en face de l'autre, à environ 6 cm du haut de la bouteille.

8 Pour les perchoirs, colorie des lignes rouges et noires sur les goujons avec les marqueurs.

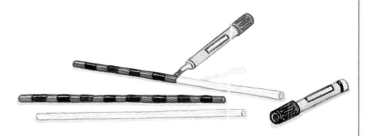

9 Insère un goujon dans chaque paire de trous, comme sur l'illustration.

10 Si tu as l'intention d'utiliser des graines de chardon, serre la bouteille et perce deux trous d'accès de %₆₄ po, à environ 2,5 cm au-dessus et au-dessous de chaque perchoir, comme sur l'illustration. Si tu veux plutôt utiliser des graines de tournesol, perce des trous d'accès de ½ po, à environ 2,5 cm au-dessus et à côté de chaque perchoir.

11 Perce deux trous de %₆₄ po l'un en face de l'autre, à environ 2 cm du fond de la bouteille. Centre les trous par rapport aux perchoirs, comme sur l'illustration.

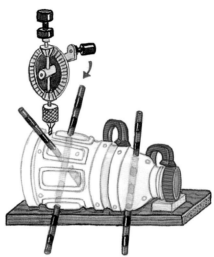

12 Fais passer le fil rouge dans un trou et fais-le ressortir par l'autre. Tire-le jusqu'à ce que les deux bouts soient égaux.

13 Fais passer les bouts du fil dans une rondelle biseautée. Tortille les fils ensemble sur environ 8 cm, comme sur l'illustration.

14 Pour fixer la tête au corps, fais passer le fil dans le goulot de l'entonnoir, comme sur l'illustration.

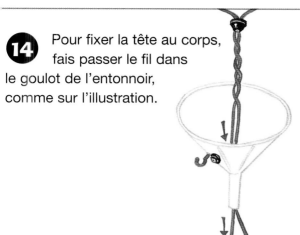

15 Dévisse l'écrou du boulon à œil. Insère le boulon dans le goulot de l'entonnoir. Revisse l'écrou sur le boulon, à l'intérieur de l'entonnoir, et serre-le bien.

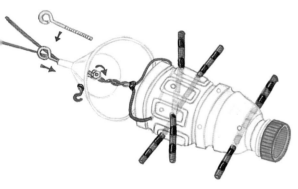

16 Recourbe l'extrémité des fils en guise d'antennes et enfile une perle sur chacun d'eux. Replie l'extrémité des fils pour faire tenir les perles.

17 Dévisse le bouchon de la bouteille pour la remplir de graines.

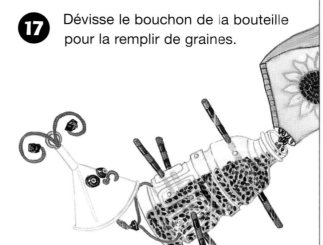

Autres suggestions

• Décore la tête avec du ruban isolant ou réflecteur.

21

Bestiole d'un autre monde

Un insecte géant qui piquera la curiosité des gourmands.

Il te faut :

- six rondelles galvanisées : deux ⁹⁄₁₆, deux ⁷⁄₁₆, deux ⁵⁄₁₆
- du ruban adhésif de sécurité ou d'automobile, rouge et jaune
- deux rondelles de plomberie plates noires
- deux bouts de fil de fer galvanisé de calibre 20 : un de 14 cm et un de 50 cm
- trois boulons de ¾ po et trois contre-écrous
- une bouteille de ketchup en plastique à goulot long
- un butoir de porte en laiton
- deux bouts de fil électrique multibrins noir de calibre 14 ou 16 : un de 60 cm et un de 75 cm
- six bouts de 25 cm de fil électrique multibrins noir, de calibre 12
- six capuchons de connexion orange

- un crayon, des ciseaux, une règle
- des gants de travail et des lunettes protectrices
- une pince-étau, un tournevis, une pince coupante, des serre-joints en C, une perceuse à main avec une mèche de ⁵⁄₃₂ po, une de ¼ po et une de ½ po, une pince à dénuder ou un couteau universel

1 Pour les yeux, pose les deux rondelles ⁹⁄₁₆ sur le ruban adhésif rouge et trace leur contour. Découpe les cercles avec des ciseaux. Colle un cercle sur chacune des rondelles. Fais un petit trou au centre avec le bout des ciseaux.

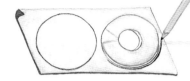

2 Glisse une rondelle noire sur un boulon. Ajoute une rondelle ⁷⁄₁₆, puis une des rondelles rouges (de l'étape 1). Répète l'étape pour l'autre œil.

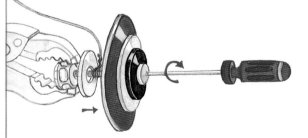

3 Enroule une extrémité du fil de fer galvanisé de 14 cm deux fois autour du boulon, puis glisse une rondelle galvanisée ⁵⁄₁₆ sur le boulon. Visse le contre-écrou sur le boulon et serre bien (voir page 10).

4 Répète l'étape 3 pour l'autre œil, de sorte que les yeux soient reliés par le fil de fer galvanisé.

5 Pour la trompe, coupe avec soin le rabat du bouchon de la bouteille, au moyen de la pince coupante. Insère un boulon dans le disque métallique du ressort du butoir de porte, puis dans le trou du bouchon de la bouteille, comme sur l'illustration. Visse le contre-écrou sur le boulon (voir page 10).

6 Insère l'extrémité du ressort du butoir de porte dans le trou du disque et fais-le pivoter pour le faire tenir.

7 Appuie sur le ressort pour créer une ouverture à la base et insères-y le fil qui relie les yeux. Enroule le fil une fois autour du ressort pour le coincer. Tortille le fil pour le faire tenir.

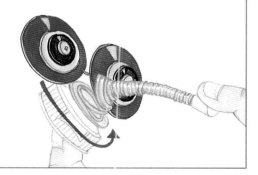

8 Appuie encore sur le ressort pour créer une ouverture à la base, à côté du fil, et insères-y les yeux.

9 Serre la bouteille sur ta surface de travail. Perce huit trous de drainage de $\frac{5}{32}$ po dans un des côtés étroits, comme sur l'illustration. Ce sera l'abdomen de l'insecte.

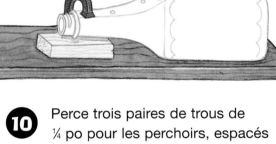

10 Perce trois paires de trous de $\frac{1}{4}$ po pour les perchoirs, espacés d'environ 5 cm, sur les côtés larges de la bouteille, comme sur l'illustration. Les trous de chaque paire doivent se faire face.

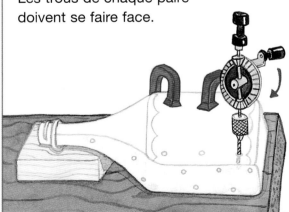

11 Perce une dizaine de trous d'alimentation de $\frac{1}{2}$ po à différentes hauteurs sur les côtés larges de la bouteille, comme sur l'illustration.

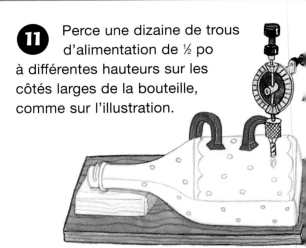

12 Pour les antennes, perce deux trous de $\frac{5}{32}$ po, espacés d'environ 2 cm, sur le dessus du goulot et deux sur le dessous, comme sur l'illustration.

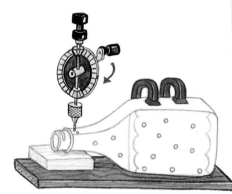

13 Plie le fil noir de 60 cm en deux et fais passer chaque extrémité dans les trous du goulot, comme sur l'illustration. Fais un nœud près du haut de la bouteille, puis recourbe les extrémités du fil.

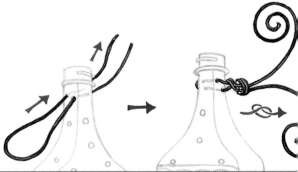

14 Pour la queue, prends le fil noir de 75 cm et répète les étapes 12 et 13, en perçant des trous près du fond de la bouteille.

15 Pour chaque perchoir (les pattes), tortille ensemble deux fils noirs de 25 cm. Fais-les passer dans chaque paire de trous de perchoir.

16 Demande à un adulte de dénuder 1 cm de la gaine plastique à l'extrémité de chaque perchoir, au moyen d'une pince à dénuder ou d'un couteau universel.

17 Visse un capuchon de connexion bien serré sur chaque fil dénudé. Plie les pattes vers le haut.

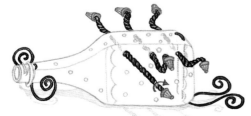

18 Décore la bouteille et le bout du nez avec des bandes de ruban adhésif de couleur.

19 Pour suspendre la mangeoire, fais passer une des extrémités du long fil de fer galvanisé dans le nœud, à la base des antennes. Tortille le fil pour le faire tenir. Fais passer l'autre extrémité du fil dans le nœud de la queue. Tortille-le pour le faire tenir.

20 Remplis la bouteille de graines de tournesol ou de grains mélangés, puis visse la tête. Tiens l'insecte par le fil et, au niveau du pli, tortille-le autour d'un crayon pour former une petite boucle.

Chien-bûche

Tous les goûts sont dans la nature.

Il te faut :

- une bûche de 30 cm de long et de 8 à 10 cm de diamètre
- une bûche de 13 cm de long et d'environ 6 cm de diamètre
- quatre rondelles de plomberie biseautées noires
- deux rondelles galvanisées ⁷⁄₁₆
- trois vis à tête ronde : deux de 1 po et une de 1½ po
- deux crochets à angle droit de 3 po
- une plaque d'assemblage de 4 po
- quatre vis à tête plate de 1½ po
- deux anneaux en métal
- une vis à œillet de 4 po
- une branche de 40 cm de long et d'environ 2,5 cm de diamètre
- quatre clous ordinaires de 2 po

- 70 cm de fil de fer galvanisé de calibre 16
- un crayon jaune ou de couleur claire et une règle
- des gants de travail et des lunettes protectrices
- un étau d'établi ou des serre-joints en C, une perceuse électrique avec une mèche à trois pointes de 1 po et une de ¾ po, une perceuse à main avec une mèche de ⅛ po et une de ³⁄₁₆ po, un tournevis, une pince, une scie, un marteau

1 Pour le corps, serre la bûche de 30 cm solidement sur ta surface de travail. Demande à un adulte d'utiliser la perceuse électrique et les mèches à trois pointes pour percer de 15 à 20 trous, d'environ 2 cm de profondeur, tout autour de la bûche.

2 Pour la tête, serre la bûche de 13 cm solidement. Demande à un adulte d'utiliser la perceuse électrique et les mèches à trois pointes pour percer six trous, tout autour de la bûche.

3 Pour les yeux, serre la tête. Marque et perce deux trous de guidage de ⅛ po sur le dessus de la tête, espacés d'environ 2 cm et à environ 5 cm d'une des extrémités.

4 Glisse une rondelle de plomberie et une rondelle galvanisée sur une vis de 1 po. Visse-la dans un des trous de guidage. Fais la même chose pour l'autre œil.

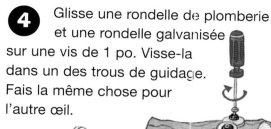

5 Pour le nez, perce un trou de guidage de ⅛ po près de l'autre extrémité de la tête. Glisse deux rondelles de plomberie, côté plat l'un contre l'autre, sur la vis à tête ronde de 1½ po et visse-la sur la bûche.

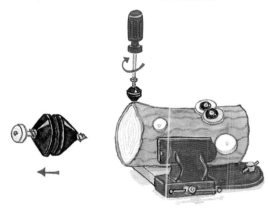

6 Pour les oreilles, perce deux trous de ³⁄₁₆ po, espacés d'environ 4 cm, près de l'arrière de la tête. Utilise une pince pour visser les crochets à angle droit dans les trous.

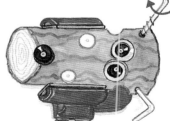

7 Pour fixer la tête au corps, place la moitié de la plaque d'assemblage sur le dessous de la tête, comme sur l'illustration. Marque les trous de la plaque avec le crayon de couleur. Enlève la plaque. Serre la tête et perce des trous de guidage de ⅛ po sur les marques.

8 Visse la plaque d'assemblage sur la tête à l'aide de vis à tête plate.

9 Place l'autre moitié de la plaque d'assemblage sur le dessus du corps, comme sur l'illustration. Marque les trous avec le crayon de couleur. Enlève la plaque. Serre le corps et perce des trous de guidage de ⅛ po sur les marques.

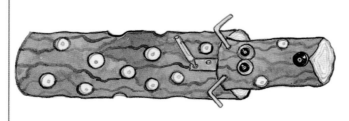

10 Glisse un anneau en métal sur la plaque. Demande à quelqu'un de t'aider à tenir la tête et visse la plaque sur le corps.

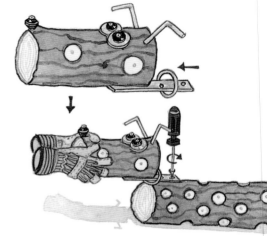

11 Pour la queue, perce un trou de guidage de ³⁄₁₆ po à environ 2 cm de l'arrière du corps. Avec une pince, visse la vis à œillet.

12 Pour les pattes, serre la branche de 40 cm et scie-la en quatre morceaux de 10 cm.

13 Une après l'autre, serre une branche de patte et perce un trou de guidage de ⅛ po à environ 1 cm d'une des extrémités. Cloue les pattes sur le corps.

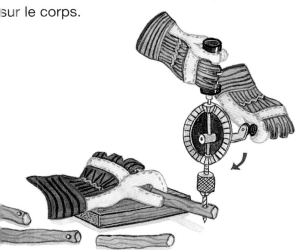

14 Pour suspendre la mangeoire, enroule un des bouts du fil autour de l'anneau du cou. Fais passer le fil dans un anneau en métal. Enroule l'autre bout du fil autour de l'œillet de la queue.

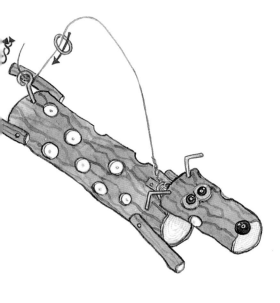

15 Tiens le chien par l'anneau. Au niveau du pli, fais tourner plusieurs fois l'anneau sur lui-même pour tortiller le fil et maintenir l'anneau en place.

16 Remplis les trous de beurre d'arachides, de suif ou même de vieux fromage.

Autre suggestion

Fais un renne volant en ajoutant des bois et un nez rouge, et en peignant des sabots.

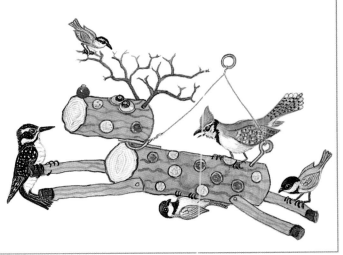

29

Gros matou

Un chat que les oiseaux aimeront picoter.

Il te faut :

- un paquet de suif, de 11 cm de côté
- une planche de pin 1 x 8, de 25 cm de long
- une planche de pin 1 x 2, de 23 cm de long
- de la moulure demi-rond de ¾ po : un bout de 18 cm et deux bouts de 11 cm
- six clous de finition de ¾ po
- du fil électrique multibrins de calibre 14 ou 16 : rouge - 2,3 m; vert - 2,4 m; bleu - 90 cm
- deux rondelles de plomberie biseautées noires
- un petit bouchon en plastique (d'un carton ou d'une bouteille de jus)
- deux rondelles galvanisées ⅜
- deux vis à tête ronde de ¾ po
- une vis à tête ronde de 1 po
- un capuchon de connexion rouge
- une charnière de ¾ po et des vis en laiton
- un crochet et œillet de 1½ po en laiton
- deux vis à œillet en laiton
- 45 cm de fil de fer de laiton
- un crayon, une règle, de la colle pour bois extérieur et un chiffon
- des gants de travail et des lunettes protectrices
- des serre-joints en C, une scie à chantourner, un marteau, une perceuse à main avec une mèche de ⁹⁄₆₄ po et une de ³⁄₃₂ po, une pince coupante, un tournevis, une pince

1 Pose le suif sur la grande planche, en alignant les deux bords. Trace le contour du suif avec un crayon, puis mets le suif de côté.

2 Serre la planche sur ta surface de travail. Avec la scie à chantourner, scie le long du trait de crayon (voir page 9). Vérifie si le suif loge facilement dans l'ouverture.

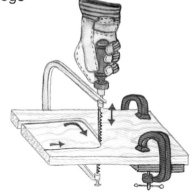

3 Étale de la colle sur le côté plat des bouts de moulure de 11 cm. Cloue la moulure de part et d'autre de l'ouverture, en utilisant un clou à chaque extrémité. Essuie le surplus de colle.

4 À côté de chaque moulure, dessine cinq croix, espacées d'environ 2 cm.

5 Dessine quatre croix sur les moulures, entre les croix de l'étape 4.

6 Serre la planche et perce des trous de ⁹⁄₆₄ po sur chacune des croix.

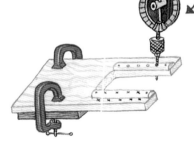

7 Étale de la colle sur le côté plat du bout de moulure de 18 cm. Cloue-le sur le dessus de la planche en utilisant un clou de finition à chaque extrémité. Essuie le surplus de colle.

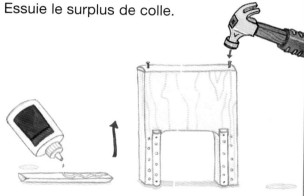

8 Pour les oreilles, dessine des croix sur la moulure du dessus. En partant d'une extrémité, dessine une croix à 1 cm, une autre à 2,5 cm, la suivante à 4,5 cm et la dernière à 6 cm. Fais la même chose à partir de l'autre extrémité. Perce un trou de ⁹⁄₆₄ po sur chacune des croix, d'environ 2,5 cm de profondeur.

9 Avec la pince coupante, coupe deux bouts de fil rouge de 10 cm et deux bouts de fil vert de 15 cm.

10 Plie les fils en deux. Mets une goutte de colle dans les trous des oreilles et insère les extrémités des fils dans les trous, comme sur l'illustration. Essuie le surplus de colle.

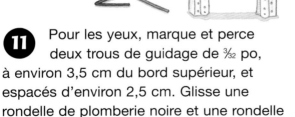

11 Pour les yeux, marque et perce deux trous de guidage de ³⁄₃₂ po, à environ 3,5 cm du bord supérieur, et espacés d'environ 2,5 cm. Glisse une rondelle de plomberie noire et une rondelle galvanisée sur chaque vis de ³⁄₄ po. Visse les yeux sur la planche.

12 Pour le nez, demande à un adulte de tenir le bouchon en plastique. Perce avec précaution un trou de ⁵⁄₆₄ po en son milieu. Perce deux trous sur le rebord du bouchon pour les moustaches.

13 Avec une pince coupante, coupe deux bouts de fil bleu de 15 cm. Fais-les passer dans les trous du bouchon, comme sur l'illustration.

14 Utilise une vis de 1 po pour visser le nez au-dessous des yeux.

15 Pour le ventre, lace un bout de 2 m de fil vert dans les trous des moulures, en le croisant comme un lacet de soulier. Lace de la même façon un bout de 2 m de fil rouge dans les trous de la planche.

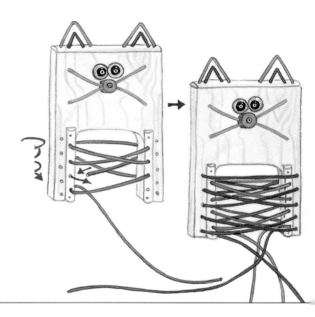

16 Noue les deux fils ensemble à l'arrière de la planche, comme sur l'illustration. Tortille-les ensemble et égalise les extrémités avec la pince coupante. Visse le capuchon de connexion sur les extrémités.

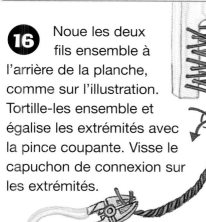

17 Pour les doigts, perce trois trous de ⁹⁄₆₄ po sur le bord de la petite planche, près de chaque extrémité, espacés d'environ 1 cm, comme sur l'illustration.

18 Utilise la pince coupante pour couper six bouts de fil bleu de 10 cm. Mets une goutte de colle dans chaque trou, puis insères-y les fils. Replie les fils vers l'intérieur avec une pince. Essuie le surplus de colle.

19 Place la charnière sur le bord extérieur du coin inférieur gauche du chat, comme sur l'illustration, puis visse-la.

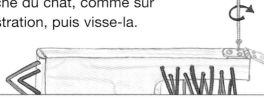

20 Pose le chat au milieu de la petite planche. Visse l'autre moitié de la charnière sur la planche.

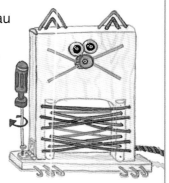

21 Visse le crochet en laiton sur l'autre côté du chat, à environ 4,5 cm du bas. Visse la vis à œillet qui l'accompagne sur la petite planche, à environ 1 cm du bord. Vérifie si le crochet entre dans l'œillet. Tu peux l'ajuster en dévissant un peu l'œillet.

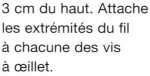

22 Place le suif dans le ventre du chat, puis insère le crochet dans l'œillet. Pour suspendre la mangeoire, visse une vis à œillet de chaque côté, à environ 3 cm du haut. Attache les extrémités du fil à chacune des vis à œillet.

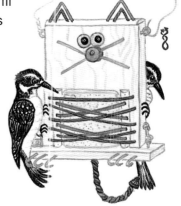

Visiteur de l'espace

Cette étrange créature attirera les curieux.

Il te faut :

- 6 m de fil électrique ordinaire bleu de calibre 12
- une cage à tomates, d'environ 1 m de haut
- un grattoir mural de 8 cm de large, avec un manche
- deux boulons à œil de 2 po et deux écrous
- deux rondelles de plomberie plates noires
- des rondelles galvanisées : deux $\frac{7}{16}$, deux $\frac{5}{16}$ et une $\frac{1}{4}$
- deux boulons de $\frac{3}{4}$ po et deux contre-écrous
- 50 cm de goujon de $\frac{5}{8}$ po
- une vis de 1 po
- du fil de fer galvanisé ou gainé de calibre 18 :
  six bouts de 15 cm et deux bouts de 35 cm
- 1,50 m de fil électrique multibrins rouge
  de calibre 12
- deux soucoupes de pot de fleurs en plastique :
  une d'environ 25 cm de diamètre et une d'environ
  30 cm de diamètre
- un crayon et une règle
- des gants de travail et des lunettes protectrices
- une pince coupante, une pince à bec effilé,
  des serre-joints en C, une perceuse à main avec
  une mèche de $\frac{5}{32}$ po, une de $\frac{3}{32}$ po et une de $\frac{1}{4}$ po,
  un tournevis, une pince-étau, une scie à chantourner

1 Pour une patte, coupe un bout de fil bleu de 70 cm. Plie-le à 10 cm d'une extrémité. Plie le fil quatre autre fois, tous les 6 cm, comme sur l'illustration.

2 Utilise la pince à bec effilé pour resserrer chaque pli.

3 Enroule l'extrémité courte du fil autour de l'extrémité longue, comme sur l'illustration.

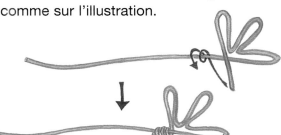

4 Plie l'extrémité du long fil vers le haut, puis enroule le fil autour d'un pied de la cage à tomates. Enroule l'extrémité du fil autour de l'anneau inférieur pour faire tenir la patte.

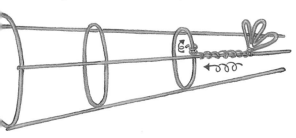

5 Répète les étapes 1 à 4 pour les deux autres pattes.

6 Pour les yeux, serre le grattoir mural sur ta surface de travail. Perce deux trous de $\frac{5}{32}$ po dans le manche, à environ 2,5 cm de la spatule.

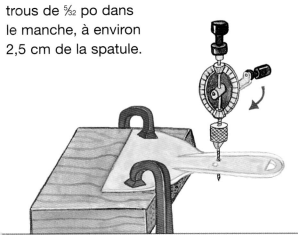

7 Visse un boulon à œil dans chacun des trous du manche. Visse un écrou à l'extrémité de chaque boulon.

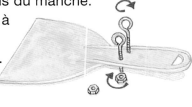

8 Pour chaque œil, glisse une rondelle de plomberie noire, puis une rondelle galvanisée $\frac{7}{16}$ sur un boulon. Fais passer le boulon dans un boulon à œil, puis dans une rondelle galvanisée $\frac{5}{16}$. Visse un contre-écrou sur le boulon (voir page 10).

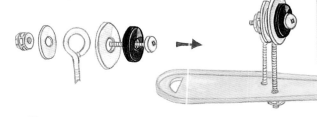

9 Serre le goujon et coupe un de ses bouts en biais. Perce un trou de $\frac{3}{32}$ po dans ce bout, comme sur l'illustration.

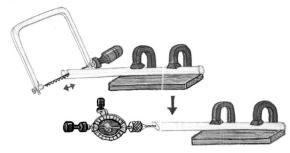

10 Perce deux autres trous dans le goujon, un à 30 cm et l'autre à 8 cm du bout plat.

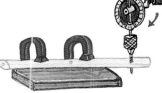

11 Serre le grattoir mural et perce un trou de ³⁄₃₂ po, à environ 2,5 cm de l'extrémité du manche.

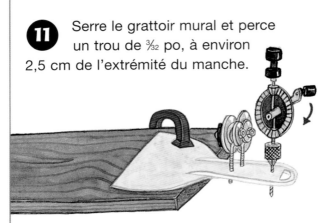

12 Glisse la rondelle ¼ sur la vis de 1 po et visse le grattoir mural dans le trou en haut du goujon (percé à l'étape 9), comme sur l'illustration.

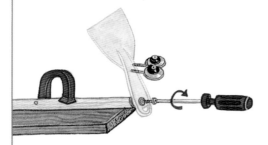

13 Pour fixer le goujon sur la cage, fais passer un bout de 35 cm de fil de calibre 18 dans un des trous de l'étape 10. Enroule le fil autour du goujon, puis sur l'anneau de la cage à tomates. Tortille ensemble les extrémités du fil. Fais la même chose avec l'autre trou.

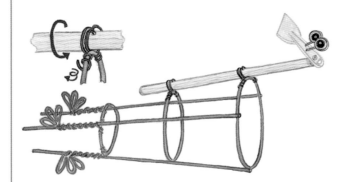

14 Pour faire les plumes de la tête, coupe un bout de fil bleu de 90 cm. Enroule d'abord une des extrémités du fil autour de l'anneau supérieur de la cage, puis enroule le fil autour du goujon. Fais-le passer dans le trou du manche du grattoir mural et recourbe l'extrémité.

15 Fais d'autres plumes en répétant l'étape 14, avec des bouts de fil de longueurs et de couleurs différentes. Tu peux aussi enrouler le fil autour du haut du goujon et du manche seulement.

16 Pour les plumes de la queue, coupe un bout de fil bleu de 60 cm et plie-le en deux. Fais passer le pli dans le pied opposé à la tête, comme sur l'illustration, et enroule le fil une fois autour de l'anneau supérieur. Recourbe les extrémités. Fais de même pour les autres plumes en prenant des bouts de fil de longueurs différentes.

17 Pour fixer les soucoupes de la mangeoire, plie en deux un bout de 15 cm de fil de calibre 18. Enroule les extrémités autour de l'anneau supérieur, au niveau du raccord du pied, comme sur l'illustration. Fais la même chose pour tous les raccords de l'anneau supérieur et de l'anneau du milieu.

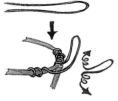

18 Place une soucoupe sur chaque anneau correspondant et marque sur son bord l'emplacement des raccords de pied. Serre chaque soucoupe et perce des trous de ⁵⁄₃₂ po sur les repères.

19 Perce huit trous de drainage de ⁵⁄₃₂ po dans le fond de chaque soucoupe.

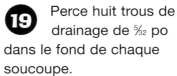

20 Place les soucoupes dans les anneaux, en alignant leurs trous avec les raccords de pied. Fais passer les boucles de fil de l'étape 17 dans les trous et plie-les pour retenir les soucoupes. Remplis les soucoupes de grains.

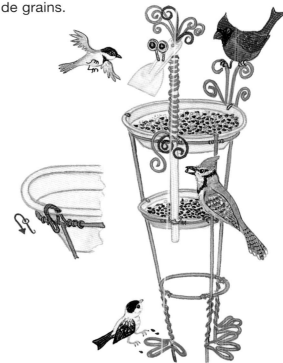

Autre suggestion

• Pour faire un bain d'oiseau, ne perce pas les trous de drainage à l'étape 19.

Poulet de grain

Assez de graines pour une grande couvée!

Il te faut :

- une vieille cuillère à soupe en métal
- une griffe de jardin   • un serre-câble de ¼ po
- un collier de serrage pour tuyau flexible de ¾ po
- une attache en acier pour câble de ¾ po
- une planche de pin 2 x 8, de 23 cm de long
- deux vis de 1½ po   • un crayon et une règle
- six crochets plastifiés rouges de 1¼ po
- une brassée de branches fines ou de brindilles et un sécateur
- une centaine de clous ordinaires de 1 po
- de la colle pour bois extérieur et un cure-dents
- des gants de travail et des lunettes protectrices
- une pince à bec effilé, un tournevis, des serre-joints en C, une perceuse à main avec une mèche de ³⁄₃₂ po et une de ¹⁄₁₆ po, un marteau

1 Pour le bec, tiens la cuillère en haut de son manche, avec une pince, et plie le manche vers le haut, comme sur l'illustration.

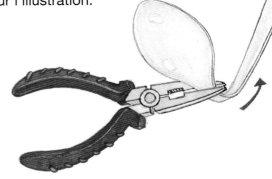

2 Glisse le collier de serrage sur le manche de la griffe de jardin, jusqu'à la base des dents. Insère la cuillère dans l'anneau, comme sur l'illustration. Serre la vis du collier de serrage avec un tournevis pour retenir le tout en place.

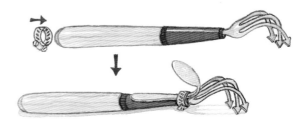

3 Pour les yeux, desserre les écrous du serre-câble. Glisse-le sur la dent du milieu jusqu'à ce qu'il se trouve juste au-dessus de la cuillère.

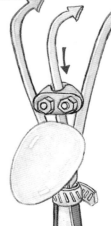

4 Avec un cure-dents, mets un peu de colle sur le filetage du boulon du serre-câble, comme sur l'illustration. Revisse bien les écrous à l'aide d'une pince. Laisse sécher.

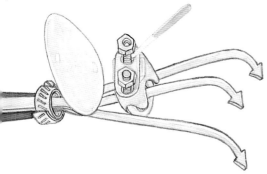

5 Pose l'attache pour câble sur un des bords de la planche et marque les trous au crayon. Serre la planche sur ta surface de travail et perce deux trous de guidage de ³⁄₃₂ po sur les marques.

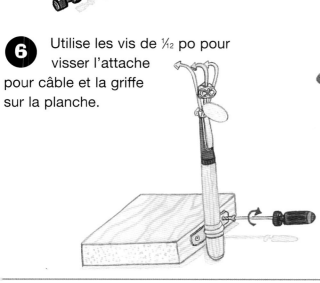

6 Utilise les vis de ¹⁄₂ po pour visser l'attache pour câble et la griffe sur la planche.

7 Pour les doigts, visse trois crochets rouges sur la planche, de part et d'autre du manche de la griffe. Place le doigt du milieu un peu plus haut que les deux autres.

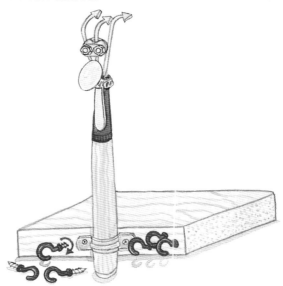

8 À l'aide d'un sécateur, découpe avec précaution les branches en une centaine de bouts de 10 à 15 cm. Coupe aussi trois bouts de 40 cm pour la queue.

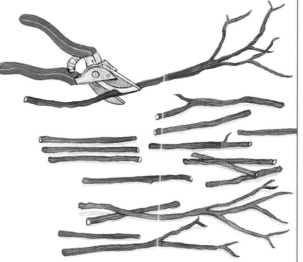

9 Perce des trous de guidage de ⅟₁₆ po, à environ 1 cm d'une des extrémités des branches. Serre les branches ou demande à quelqu'un de les tenir pendant que tu les perces.

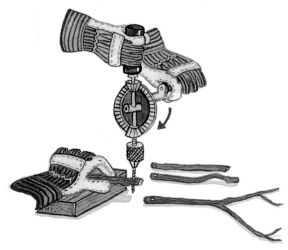

10 Cloue les branches les plus petites sur les quatre côtés de la planche, aussi serrées que possible. (Pour faciliter cette étape, tu peux dévisser les doigts, clouer les branches à côté des trous de vis, puis revisser les doigts.)

11 Pour la queue, cloue les trois grandes branches à l'arrière.

12 Remplis la mangeoire de graines de tournesol ou de grains mélangés.